Nie wieder Krieg

Not und Elend von Krieg und Nachkriegszeit aus der Sicht von Zivilpersonen

Dr. Wolfgang Link (Herausgeber)

„Sorgt, die ihr noch im Leben steht, dass Frieden bleibe, Frieden zwischen den Menschen, Frieden zwischen den Völkern!"

Theoder Heuss

Meinen Eltern , Großeltern und meinen Verwandten, insbesondere aus Basel , die mich vor dem Verhungern bewahrt haben sowie allen , die in der schlimmen Zeit Menschlichkeit bewiesen haben

Die Thematik gewinnt im Hinblick auf die zahlreichen Kriege danach, insbesondere den Konflikten im ehemaligen Jugoslawien, Afghanistan und den Golfkriegen traurige Aktualität. Sie ist ein dringender Aufruf an alle Verantwortlichen, der Gewalt insbesondere gegen die Zivilbevölkerung, ein für alle Mal ein Ende zu setzen.

Die Darstellung aus der Sicht der Opfer ist von Politikern viel zu wenig beachtet, ja bewusst verschwiegen worden. Dieses Versäumnis hat zu einer verhängnisvollen Entwicklung geführt Es wurden die gleichen Fehler und Verbrechen wiederholt, wie sie im Zweiten Weltkrieg begangen wurden: Flächenbombardierung von Städten ohne militärische Notwendigkeit und Aushungern der Zivilbevölkerung, beschönigend als Embargo bezeichnet. Dies wurde sogar als Mittel der Politik sanktioniert. Wann werden diese Gräueltaten weltweit geächtet?

Impressum

© Dr. Wolfgang Link, Berghaupten 2003

Alle Rechte liegen beim Autor

Herstellung und Verlag: Books on Demand GmbH, Norderstedt

Gestaltung des Umschlags: Druckservice Bernd Dold, Gengenbach

Aufnahmen:Foto - Hugelmann, Gengenbach

ISBN-Nr. 3-8334-0437-X

Alle namentlich nicht gekennzeichneten Beiträge
stammen vom Herausgeber.

Frau Dr. Brandenburger - Eisele, Museum im Ritterhaus Offenburg , sei für
die Erlaubnis zur Wiedergabe der Holzschnitte von Hermann Sprauer aus
dem Zyklus 'Verleih uns Frieden gnädiglich' herzlich gedankt

Wir danken dem Rowohlt - Verlag für die freundliche Genehmigung zum
Abdrucken der Zitate von Wolfgang Borchert aus 'Draußen vor der Tür'
Wolfgang Borchert , Das Gesamtwerk
Copyright © 1949 by Rowohlt Verlag GmbH , Hamburg
Erscheinungsjahr 2003

Frau Ursula Spill, Zeitzeugin sei für die Erlaubnis zum Abdrucken des
Heimatliedes „Wo des Abends um halb zehn die Sirenen geh'n" herzlich
gedankt .

Heimatlied : Wo des Abends um halb zehn die Sirenen geh'n

Wo des Abends um halb zehn die Sirenen geh'n

und die Scheinwerfer so grell am Himmel steh'n,

Wo die Bomben fallen aus dem Flugzeug raus,

da ist meine Heimat , da bin ich zu Haus.

Wenn Dich einer fragt , wo ist mein Heimatland,

Sollst Du sagen :

an dem schönen Wupperstrand.

Zwischen Berg und Hügel liegt ein Trümmerfeld,

Ja das war einst Barmen , Ronsdorf und Elberfeld.

Aus den Trümmern Dir ein leises Raunen klingt ,

Dir ein Lied von Freuden und Leiden singt.

Wo einst froh und glücklich Du gewesen bist ,

Heut in Schutt und Asche Dein Erinnern ist.

Heimat , Heimat , o wie warst Du doch so schön,

Dennoch möchte ich nie und nimmer von Dir geh'n.

Werden auch steh'n Ruinen zwischen Berg und Tal,

Es ist unsere Heimat , unser Wuppertal !

Ursula Spill

Zeitzeugin der Angriffe auf Wuppertal

Inhalt

I
Bilderfolge Nie wieder Krieg

Die Bilderfolge 'Nie wieder Krieg 'entstand auf dem Hintergrund der Schrecken des Zweiten Weltkrieges aus der Sicht eines Kindes , dem dieses Inferno unauslöschlich seelische Folgen eingeprägt hat . Die Thematik gewinnt im Hinblick auf die zahlreichen Kriege danach, insbesondere den Konflikten im ehemaligen Jugoslawien, Afghanistan und den Golfkriegen traurige Aktualität. Sie ist ein dringender Aufruf an alle Verantwortlichen , der Gewalt insbesondere gegen die Zivilbevölkerung, ein für alle Mal ein Ende zu setzen.

Die Darstellung aus der Sicht der Opfer ist von Politikern viel zu wenig beachtet, ja bewusst verschwiegen worden. Dieses Versäumnis hat zu einer verhängnisvollen Entwicklung geführt . Es wurden die gleichen Fehler und Verbrechen wiederholt, wie sie im Zweiten Weltkrieg begangen wurden :Flächenbombardierung von Städten ohne militärische Notwendigkeit und Aushungern der Zivilbevölkerung, beschönigend als Embargo bezeichnet. Dies wurde sogar als Mittel der Politik sanktioniert. Wann werden diese Greueltaten weltweit geächtet ? *Bild Seite 13 und 14.*

1

Schwarz wie Ruß senkt sich die Nacht über die Stadt. Nacht. Unheimlich ist es allen zumute. Jede Nacht ist mit Fliegerangriffen zu rechnen. Noch blieb die Stadt verschont , lag sie doch abseits von den großen Angriffszielen. Keine Rüstungsindustrie , keine Kasernen , keine Schlüsselindustrie , keine wichtigen Eisenbahnknotenpunkte. Die Zivilbevölkerung , überwiegend Frauen , Kinder und ältere Männer , viele Flüchtlinge , warten darauf , dass endlich das Heulen der Sirenen verstummt . Plötzlich ruft ein kleines Mädchen : „Schau mal , Mutti, da sind Christbäumchen am Himmel !" (Damals kursierte in Deutschland eine makabre Redewendung : 'Die Engländer liefern die Christbäume , die Amerikaner die Kugeln, der Goebbels die Märchen und im Keller gibt's die Bescherung.') Die junge Frau weiß , was das zu bedeuten hat , reißt das zweite Kind aus dem Schlaf und stürzt Hals über Kopf in den Keller . Gespenstisch ist die Stadt von den Magnesiumfackeln erleuchtet . Kaum im Keller angekommen , pfeift, dröhnt und kracht es ohrenbetäubend. *Bild Seite 15*

2

Die Mutter bedeckt ihre Kinder mit ihrem Mantel, um den infernalischen Lärm etwas abzuschirmen. Sie muss 20 Minuten lang Todesangst ausstehen. Ein Volltreffer im Nachbarhaus. Ganze Familien werden ausgelöscht. Unschuldige Menschen , Frauen , Kinder , Greise , verbrannt bis zur Unkenntlichkeit, erstickt, erschlagen. Mütter, Kinder , Greise , Regimeanhänger und Gegner , Deutsche, Juden , Ausländer , alle sind in gleicher Weise die Opfer . Keine militärische Notwendigkeit. Wozu denn diese Hölle ? Hass, Rache , Vernichtung des am Boden liegenden Feindes

„...den klaren Vernichtungswillen , der sich beispielsweise in Churchills - von Stalin erfreut aufgenommenen - berüchtigten Verdikt äußerte, wenn nötig , werde man „jedes Haus in nahezu jeder Stadt einäschern"... Churchill , Träger des Karlspreises (!) habe sogar zeitweise die „Ausrottung" der Deutschen erwogen.

(Quelle : Werner Olles in JF Nr 31/32 O3 vom 25. Juli 2003, S 20)

.Am 6. Juli 1944 wandte sich Winston Churchill an die Stabschefs mit folgendem Memorandum : „...Ich bin völlig damit einverstanden, dass es einige Wochen oder sogar Monate dauern kann, bis ich Sie bitten werde, Deutschland mit Giftgas zu durchtränken; und wenn wir es tun sollten , dann sollte es hundertprozentig sein . Ich wünsche , dass die Angelegenheit in der Zwischenzeit von vernünftigen Leuten kaltblütig durchdacht wird , und nicht von diesen psalmensingenden Miesmachern , die einem hin und wieder über den Weg laufen ." Am 26. Juli 1944 lagen die Expertisen der Abteilungen für Biologische und Chemische Kampfführung vor. Empfohlen wurde der Einsatz der Giftgase „Lost" und „Phosgen" sowie der Milzbrandkampfstoff „N", von dem Churchill 5ooooo Bomben in den USA bestellt hatte und wovon bereits 5ooo geliefert worden waren. Bis zum Februar 1945 sollten weitere 25oooo hergestellt werden und ab dann im Wochentakt jeweils eine Million , die in Bündeln zu je 106 Stück abgeworfen werden sollten. Eine Liste von 60 deutschen Städten wurde den Expertisen beigefügt. (Quelle : Dokumente Public Records Office, London : AIR 20/3227.CAB 79/78 PREM 3/89, in UN 5/2003, S 8). Eiskalt berechnend geplant , großindustriell durchgeführt Worin unterscheidet sich dieser Bombenterror von Auschwitz ? Ein Unterschied existiert : Zusätzlich zur Massenvernichtung von Menschenleben werden wertvolle Kulturgüter unwiederbringlich zerstört. Ein Feuersturm verbrennt alles in weitem Umkreis , was nicht durch direkte Bombenabwürfe zerstört wurde.

„Tote , nur Tote. Viele von ihnen hatte die Glut in phantastische irrsinnige Stellungen gezwungen . Langsam und wie an Ketten ging der Blick von den verrenkten Gliedern zu den nicht mehr menschlichen, in ihrer Grauenhaftigkeit drohenden Gesichtern. Aufgerissene Münder, hervorquellende Augen - Antlitze, aus denen in einem letzten , ungelösten Krampf ein ungeheuer gewaltiger Aufschrei aufstieg in schmerzender , bedrängender Anklage"

Gretl Büttner, Augenzeugin des Terrorangriffs 'Gomorrha'auf Hamburg vom 21. Juli 1943 , bei dem 41000 Menschen umkamen und 100000 verwundet wurden

in. „Mehr als man aushalten kann" von Thorsten Hinz in JF Nr 31/32O3 , S 20.

Insgesamt mussten bei den Fliegerangriffen der Alliierten im Zweiten Weltkrieg über 6ooooo Menschen ihr Leben lassen.

Gerhard Hauptamnn drückt das Entsetzliche mit den Worten aus : „Wer das Weinen verlernt hat , lernt es wieder beim Untergang Dresdens ."*Bild Seite 16*

3

Wer die Hölle überlebt hat , geht einem ungewissen Schicksal entgegen . Ausgebombt oder zumindest mit der Angst lebend , das Gleiche könne sich wiederholen , reihen sich die Überlebenden in den Zug der Elendsgestalten , vorbei an Bergen von Leichen, rauchenden Trümmern suchen sie Zuflucht bei Angehörigen oder Freunden oder fristen notgedrungen selbst im Winter in Wartehäuschen oder Waldhütten ein elendes Dasein . Kaum dem Inferno entronnen , sterben viele an Hunger, Kälte oder Krankheiten.
Bild Seite 17

4

Quälend ist die Ungewissheit der Frauen , deren Männer weit ab von der Heimat an der Front ständig in Lebensgefahr sind. Monate bangen Wartens vergehen ohne ein Lebenszeichen. Selbst kleine Kinder , die das ganze Ausmaß des Schreckens noch nicht erfassen können, ahnen etwas von der entsetzlichen Situation , die ihre nächsten Angehörigen zu vernichten droht :
„...traurige, trauernde Frauen mit einsamen, sehnsüchtigen Augen, Kinder , viele kleine Kinder fragen : Wo ist mein Vater ? Wo ist mein Mann ? Wo ist mein Sohn ? Wo ist mein Bruder ?...“ *Bild Seite 18*

Aus : 'Draußen vor der Tür ' von Wolfgang Borchert
aus : Wolfgang Borchert : Das Gesamtwerk
Copyright c 1949 by Rowohlt Verlag GmbH Hamburg

Erscheinungstermin 2003

5

Eine Mutter mit ihrem toten Kind, gebeugt über den Kinderwagen , wie wenn sie es noch im Todeskampf beschützen wollte. Unschuldige Zivilisten - erstickt , verbrannt , erschlagen . Die Opfer des Bombenterrors von Berlin , Coventry, Dresden, Essen , Freiburg , Hamburg , Hiroshima , Köln , Rotterdam , Warschau und vielen weiteren Städten klagen ihre Mörder an. *Bild Seite 19*

6

Ein kleines Kreuz , geschmückt mit Blumen, die zwischen den Trümmern wachsen, inmitten eines Trümmerfeldes erinnert an eines von tausenden und abertausenden trauriger Schicksale : Kindern wurde das Liebste geraubt , was sie im Leben besitzen: Der verdammte Krieg hat sie über Nacht zu Waisen gemacht: Es gibt keine Worte , die dieses

unsägliche Leid schildern könnten.
Hunger ist ihr ständiger Begleiter
Kälte nicht nur im Winter ist ein Dauerzustand
Ruinen sind ihr Spielplatz.
 Nicht einmal nach Ende des Krieges sind sie vor Bomben sicher . Blindgänger haben
manches junge Leben ausgelöscht.

Bild Seite 20

7

Aus dem Alltag derer , die noch einmal davongekommen sind:
Hunger , Kälte, beengte Wohnverhältnisse nach der Evakuierung , täglicher Kampf um
ein Stückchen trockenes Brot. Plünderung durch die „Befreier „. Ausgangssperre ab 20
Uhr. Schießbefehl bei Nichtbeachten. Überall Hass gegenüber den am Boden liegenden
Besiegten. Lebensmittelkarten mit Zuteilungen unterhalb der KZ- Ration. Hunger, Kälte,
Verzweiflung , Hoffnungslosigkeit , Krankheit , Tod . Hat denn keiner der Besatzer
Erbarmen ?
Viele , die noch den nötigen Lebenswillen haben , hamstern unter Einsatz ihrer letzten
Kräfte , um sich und ihre Angehörigen am Leben zu erhalten . Die wenigen Züge , die
noch fahren , sind hoffnungslos überfüllt . Glücklich , wer noch einen Platz im leeren
Vieh - oder Kohlewagen sich erobern kann . Viele hängen verbotenerweise vollbepackt
an den Trittbrettern , stehen auf den Puffern oder haben   auf dem Dach einen Platz
gefunden . Die Not lässt sie die Lebensgefahr vergessen . Entlang des Bahnkörpers lesen
Hamsternde Kohlenstücke auf , die Heizer absichtlich für die frierende Bevölkerung
abgeworfen haben . Aber niemand ist sicher vor den plündernden Horden der
Siegermächte: Nicht selten nehmen die Sieger den Besiegten das Wenige ab , das sie sich
mühevoll unter Einsatz der letzten Kräfte erarbeiteten . Mitgefühl oder gar
Fraternisierung ist von oben streng verboten.
Kriegsheimkehrer sind nicht selten körperliche und seelische Wracks . Zu tief sind die
Wunden . Eine Rückkehr in   geordnete Lebensverhältnisse ist ihnen oft nur unter
schwierigsten Umständen möglich . Die Demontagepolitik der Alliierten raubt ihnen ihre
Existenzgrundlagen und stürzt sie in die Depression. Sie sind verdammt , als Bettler ein
elendes Dasein zu fristen.
In dieser Atmosphäre von Hunger , Kälte , Trümmern , Elend , Hass Not und
Hoffnungslosigkeit schenkt eine Mutter ihren Kindern Wärme und Geborgenheit. Aus
Soldatenmänteln näht sie Kinderkleider, soweit sie nicht bis zur Erschöpfung
Nahrungsmittel hamstert, pflanzt Gemüse im eigenen Garten unter Aufbieten der letzten
Kräfte , fertigt aus holzhaltigem Papierresten Malbüchlein, liest aus Kinderbüchern . die
in den ersten Kriegsjahren unter der Ladentheke erhältlich waren , Geschichten vor :
Liebe , Wärme Geborgenheit , eine Oase inmitten der Trümmerwüste, die den Kindern
Hunger , Kälte Not und Elend erträglich machen . *Bild Seite 21*

8

Aus der Freiburger Zeitung: Situationsbericht von 1946

Kinder , die vor Schwäche keinen Appetit haben

„In den Kinderkliniken werden Kinder mit Gehstörungen eingeliefert; Kinder , die durch Unterernährung völlig apathisch sind und vor Schwäche keinen Appetit mehr haben „‚ klagte der Freiburger Erbischof Conrad Gröber ein Jahr und 20 Tage nach der Kapitulation. In Freiburg bekamen die Erwachsenen zu dieser Zeit täglich ohne Kartoffeln nur 632 Kalorien, mit Kartoffeln 954 Kalorien . Ein Drittel der Bevölkerung hatte gar keine Kartoffeln. .... (Anm.: Die KZ - Ration im Dritten Reich betrug 1000 Kalorien .)

Damals trat der Erzbischof von Freiburg beim französischen Gouverneur für die ver- hungernden Kleinkinder ein . Auf seine Bitte , die Milchration zu erhöhen , weil sie sonst sterben müssten bekam er zur Antwort : „Dann werden Sie die Friedhöfe vergrößern.“ Der Erzbischof : „Solch eine Antwort habe ich nicht einmal vom Nazismus erhalten. Darauf der Gouverneur : „Die Unterredung ist beendet.“

Fortsetzung des Krieges gegen die Zivilbevölkerung mit anderen Mitteln..

Hunger , Kälte , Elend , Not Ausweglosigkeit : Trotz des Fraternisierungsverbotes sind manche auf der Seite der Sieger menschlich : Eine Französin gibt einem unterernährten Kind Kekse, amerikanische Soldaten verteilen unter Umgehung der Vorschriften Schokolade und Orangen , die Quäker organisieren großzügig und regelmäßig für hungernde Schulkinder Schulspeisung , Care - Pakete retten viele vor dem Verhungern , Verwandte und Wohltäter laden Kinder trotz massiven Widerstands der Besatzer zu sich ins Ausland ein , um sie wenigstens vorübergehend Hunger, Elend und Trümmer vergessen zu machen . *Bild Seite 22*

Licht leuchtet in der Finsternis..

9

|

Dank mutiger Schritte kommt es auf beiden Seiten zu eindrucksvollen Gesten der Versöhnung . Politiker mit Verantwortung schaffen die notwendigen Voraussetzungen für die Begegnung zwischen den ehemals verfeindeten Nationen. Anstelle von Konfrontation entsteht immer mehr Bereitschaft zur Kooperation. Im Rahmen von Städtepartnerschaften bilden sich über die Grenzen hinweg dauerhafte Freundschaften, Überlebende KZ - Opfer nehmen Einladungen nach Deutschland an, Wiedergutmachungen lassen Wunden schneller heilen . Jugendaustausch macht für die heranwachsende Generation die dunklen Stunden der Vergangenheit zur Geschichte. Allen diesen Bemühungen ist das feste Wollen gemeinsam : *Bild Seite 23*

Nie wieder Krieg !

Zwar stehen vereinzelt heute noch Denkmäler vonKriegsverbrechern und Massenmördern. Aber es ist zu hoffen, dass auch sie vom Sockel gestürzt werden.

10

Leben sprießt aus den Ruinen

„Es ist ein harter und steiniger Weg , der vor uns liegt. Wir sehen nur seinen trümmerbedeckten Anfang. .... Wir wollen diesen Weg gehen mit aller Kraft , die uns noch geblieben ist .... gebeugt , tief gebeugt , aber nicht gebrochen!"

Dr. Konrad Adenauer 1945

Tief gebeugt , aber nicht gebrochen arbeiten Trümmerfrauen unter Einsatz ihrer letzten Kräfte am Wiederaufbau im Glauben an eine bessere Zukunft. Auch wenn die Not unüberwindlich scheint , kehrt langsam Leben in die verwüsteten Städte zurück. Trümmer werden in mühsamer Kleinarbeit entfernt , Wohnbaracken entstehen , teilweise zerstörte Häuser werden notdürftig instand gesetzt, einstöckige provisorische Läden bieten das zum Leben Notwendigste an . Haus für Haus wird in den zerstörten Innenstädten unter Verwendung von noch verwertbarem Baumaterial aus abgetragenen Mauern wiederaufgebaut. Dies löst nicht nur das dringende Wohnungsproblem, sondern ist ein materielles Zeichen für den Neubeginn . Dies drückt Becher in seiner Hymne aus : „Auferstanden aus Ruinen..."

Ein sichtbares Zeichen für die feste Entschlossenheit zur Versöhnung ist das weltweite Engagement beim Wiederaufbau der Frauenkirche Dresden . Freundeskreise aus London, Paris, New York und anderen Städten leisten wesentliche Beiträge hierzu , die mehr als nur materielle Hilfe bedeuten. Wo kann der gute Wille deutlicher zum Ausdruck kommen als in dem vom britischen Königshaus gestifteten Turmkreuz , angefertigt von einem englischen Goldschmied, dessen Vater Bomben auf Dresden geworfen hatte ?

Dieses Bauwerk ist ein in Stein gekleidetes Symbol für Neubeginn und dauerhaften Frieden zwischen den ehemals verfeindeten Nationen. *Bild Seite 24*

DIE OPFER DES BOMBENTERRORS
VON BERLIN·COVENTRY·DRESDEN
ESSEN·FREIBURG·HAMBURG·KÖLN
LONDON·ROTTERDAM·WARSCHAU
UND VIELEN WEITEREN STÄDTE
KLAGEN IHRE MÖRDER AN.

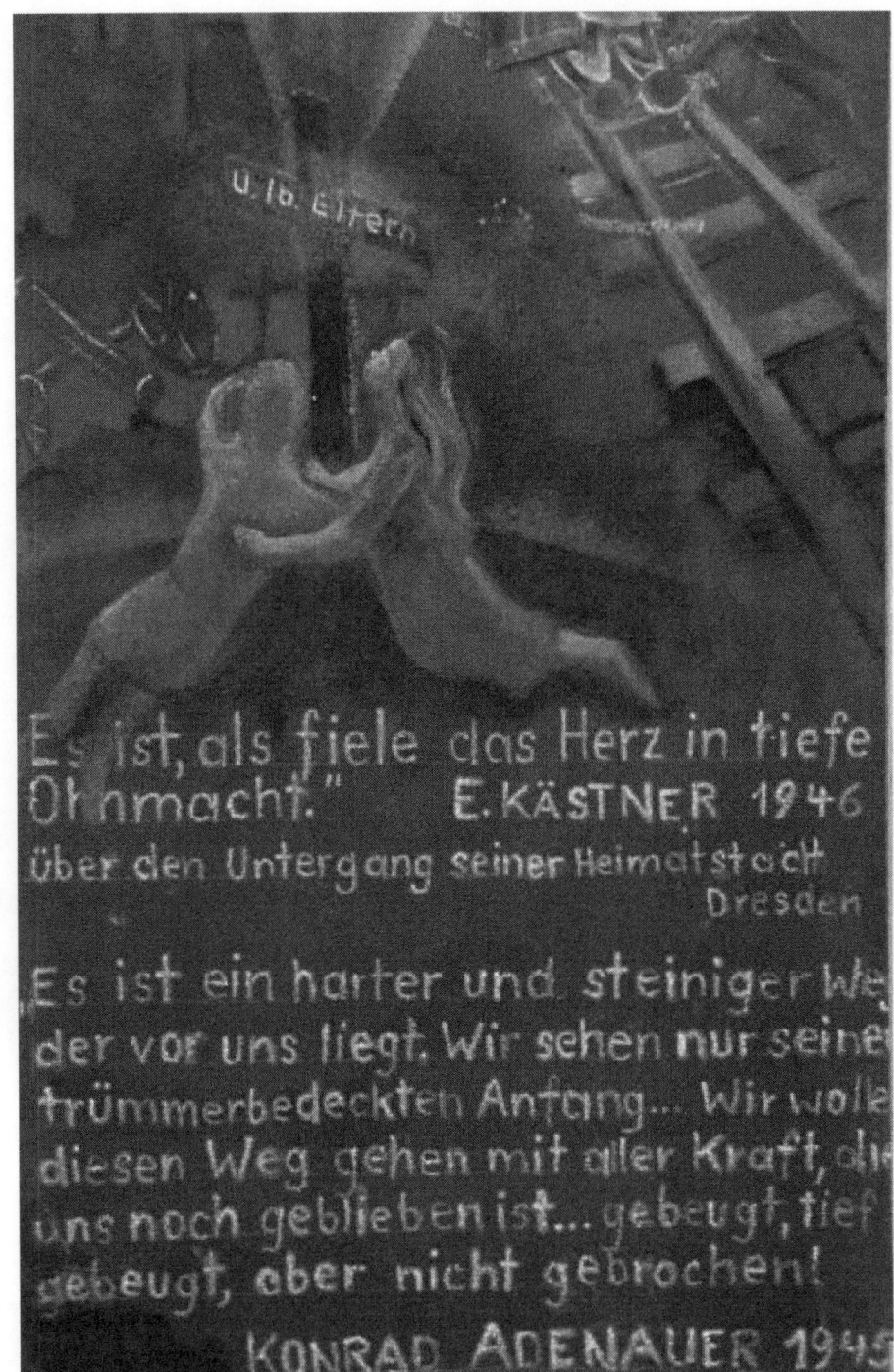

"Es ist, als fiele das Herz in tiefe Ohnmacht." E. KÄSTNER 1946
über den Untergang seiner Heimatstadt Dresden

"Es ist ein harter und steiniger Weg, der vor uns liegt. Wir sehen nur seinen trümmerbedeckten Anfang... Wir wollen diesen Weg gehen mit aller Kraft, die uns noch geblieben ist... gebeugt, tief gebeugt, aber nicht gebrochen!
KONRAD ADENAUER 1945

21

ll
Fünf Holzschnitte von Hermann Sprauer (1905 - 1996) aus dem Zyklus „Verleih' uns Frieden gnädiglich"

„Die meisten Blätter thematisieren die Schrecken des Krieges und die Leiden der Opfer.... .Sprauer war in der Zeit der Entstehung der Holzschnitte , in den Jahren 1946 - 48 von der Furcht erfüllt , die Menschheit treibe unaufhaltsam einem dritten Weltkrieg entgegen. Mit seinen Arbeiten wollte er gegen diese Bedrohung ankämpfen."
(aus einer Einladung zu einer Verkaufsausstellung im Museum Ritterhaus Offenburg, November -Dezember 2000)

Das überlebende Kind

Hunger

Der Himmel stürzt herab

Der Heimkehrer

Gott in Ruinen

III

Wahrheit und nicht Dichtung

Kriegstagebuch
von Martha Link

1. September 1939 :
Beginn des zweiten Weltkrieges. Trauer und keine Begeisterung , wie sie nach Ausbruch des ersten Weltkriegs nach Aussagen der damaligen Kriegsgeneration geherrscht haben soll.

Mai 1940
Zwei Tage vor Pfingsten erster Fliegerangriff auf Freiburg. Der Kinderspielplatz in der Kreuzstraße wird getroffen. Die Bomben töten die dort spielenden Kinder .
Zwei Tage darauf , am Pfingstsonntag Vormittag gehen wir zu Fuß zum Josefskrankenhaus. In der Habsburgerstraße Fliegeralarm und Unterstand in einem fremden Luftschutzkeller . Schließlich kommen wir im Josefshaus an. Am Nachmittag kommt Hiltrud zur Welt.

Juli 1942
Am 19. Juli kommt Wolfgang zur Welt . Zur Stunde der Geburt ist Fliegeralarm. Das Krankenhauspersonal begibt sich in den Luftschutzkeller und überlässt Mutter und Kind einem ungewissen Schicksal .

Kriegsjahr 1944
Die Front rückt näher . Näher auch rückt die entgültige Katastrophe. Die Fliegerangriffe werden häufiger . Wenn ich mit den Kindern spazieren gehe , werden wir immer wieder von Tieffliegern bedroht und suchen Schutz. „Wir gehen dann in „Entdeckung „ , sagt Hiltrud.
Im Sommer soll der Westwall verstärkt werden. Dazu braucht man jede Frau und jeden Mann, vom Schüler bis zum Greis. Auch mich trifft's. Auf meinen Einwand , ich hätte für meine Kinder dazusein , erhalte ich die freche Antwort von einer Nazidirne :"Die sind bei uns besser aufgehoben." Besser aufgehoben als in der Nazikinderkrippe waren sie bei liebevollen Großeltern . Einen Tag fahre ich also hin zum Schippen in die Gegend von Ihringen. Dabei ist auch mein ehemaliger Deutschlehrer . Als Verwundetem im ersten Weltkrieg und engagiertem Pazifisten (Er hielt Vorträge im Rahmen der Initiative 'Nie wieder Krieg!') trifft ihn dies besonders hart.

Auf dem Heimweg wird der Zug von Tieffliegern beschossen . Mein Entschluss steht fest
: „Ohne mich !“
Der Fliegeralarm wird häufiger . Wie oft eilen wir in den Keller , obwohl dieser wenig
Schutz bietet !
Lebensmittel und alles andere sind rationiert . Da gilt's , aus der Not eine Tugend zu
machen. Man wird erfinderisch, um die Kinder zu kleiden. Weh dem , der nicht nähen
kann ! Spielsachen gibt's vielleicht mal aus Holz. Es wird gebastelt vom Wollpüppchen
bis zum Stofftierchen . Mit Karton und Farbstiften entsteht ein phantasievolles Schnipp
- Schnapp . Alles , was aus besseren Zeiten noch da ist, wird verwendet.
Die Kinderbücher muss ich beim Buchhändler hart erkämpfen , auch wenn man schon
lange Kunde war. Es ist ja verständlich , denn jeder tauscht nur gern gegen Lebensmittel.

27. November 1944.
Ich habe die Kinder zu Bett gebracht . Es ist 20 Uhr . Da ruft Hiltrud . Ich gehe ins
Schlafzimmer und sehe , wie die „Christbäume" zur Stadt hinunterschweben . Dies ist
das sichere Zeichen für einen Bombenangriff. Ich ziehe die Kinder und mich warm an
und renne mit ihnen in den Keller . Jetzt heulen die Sirenen . Ich setze beide in den
Stubenwagen , der immer bereitsteht , und beuge mich darüber . Jetzt ist eine halbe
Stunde lang die Hölle los . Es dröhnt und pfeift ohne Unterlass. Ein Nachbarhaus wird
ganz zerstört . Doch uns passiert , Gott sei Dank , nichts . Nach der Entwarnung stellen
wir nur fest , dass in der Wohnung durch den Luftdruck manche Schäden entstanden
sind. Doch wie wird es den Eltern und Tante gehen ? An Schlaf ist nicht zu denken .
Morgens um 6 Uhr klingelt's . Vater , Mutter und Tante stehen vor der Tür mit
rußgeschwärzten Gesichtern und vollständig übermüdet . Sie erzählen : Maiers
Haushaltungsgeschäft und ein paar Nachbarhäuser stehen in hellen Flammen .
Phosphorbomben . Überall sind die Dächer abgedeckt, und Funken spühen ins Gebälk.
Da heißt's löschen. Es werden Eimerketten gebildet. Die Studenten aus der
Albertusburse helfen die ganze Nacht. Und so wird auch das Elternhaus gerettet. Ich
bitte die Eltern und Tante, bei uns zu bleiben . Doch es zieht sie wieder in die Klarastraße
zurück . Am anderen Tag gehe ich durch die Altstadt. Ein Trümmerhaufen. Es raucht
noch aus den Ruinen. Der Bezirk um Unterlinden und ganze angrenzende Straßenzüge
sind ausradiert. Doch das Münster steht noch , wenn es auch beschädigt wurde. Immer
häufiger gibt's Fliegeralarm. Immer wieder rennen wir in den Keller .

Februar 1945
Mein Mann liegt mit seiner Kompanie in der Normandie . Er weiß von der Bombennacht
, die wir erlebt haben , und fordert uns der Sicherheit halber auf, nach Neustadt zu
ziehen. Anfang Februar fahren wir mit der Höllentalbahn, die noch funktioniert, hinauf
. Das einzig Angenehme , das uns hier erwartet , ist , dass wir nachts ruhig schlafen können . Sonst ist alles Grau in Grau. : ein kaltes Zimmer , keine ordentliche

Kochgelegenheit , im März und April vermehrte Fliegertätigkeit auch hier oben im Schwarzwald . Die Bahn fährt nicht mehr, weil die Ravennabrücke in den letzten Kriegswochen gesprengt wurde . So bin ich gezwungen , mit einer Nachbarin nach Freiburg zu wandern (hin und zurück übert 50 Kilometer) , um Eingemachtes und sonstige Lebensmittel zu holen . Von meinem Mann bekomme ich keine Nachricht mehr ,. Auch die Mutter eines Regimentskameraden wartet vergeblich auf ein Lebenszeichen. Wenn ich den Kindern aus Ginzkeys 'Hatschi - Bratscchi vorlese, vergessen sie den Krieg .

Anfang Mai 1945
Endlich sind die kriegerischen Handlungen beendet. Das Morden hat ein Ende . Doch jetzt hört man von Schreckenstaten und Vergewaltigungen der einrückenden Franzosen . Unser Haus wird beschlagnahmt. Der Offiziersstab der Besatzung zieht ein . Da bieten uns Bekannte meines Mannes ein Zimmer an. Sie empfinden die beiden Kinder als Schutzengel und sind froh , wenn ich ihnen beim Verhandeln mit den französichen Offizieren ein wenig dolmetsche.
Lang und grausam waren die Kriegjahre. Doch sie nähern sich dem Ende . Die Todesanzeigen von gefallenen Soldaten nehmen erschreckend zu , von den vielen Vermissten ganz zu schweigen . Wenn eine Unterschrift „"In stolzer Trauer" die Anzeige beendet , kann ich nur den Kopf schütteln . Begreifen kann ich's nicht. Es ist eine Faszination des Bösen. All das Schreckliche , das an den Fronten passiert , erfahren wir nicht. Die Lüge vom „siegreichen Rückzug" soll die Gehirne vernebeln. Auslandssender anhören wird streng bestraft. Schüler und alte Männer werden zum „Volkssturm" eingezogen . Mancher von ihnen kehrt nicht mehr heim .

Heimkehr nach Freiburg
Anfang Mai stehen Mutter und Tante vor der Tür. Sie haben einen Leiterwagen mitgebracht. Und das alles zu Fuß und in diesem Alter ! Wir müssen schleunigst nach Freiburg zurückkehren , sonst wird unsere Wohnung beschlagnahmt . Wir packen das Nötigste auf den Leiterwagen . Er ist hoch aufgetürmt . In der Nacht zuvor wurde eingebrochen und auf dem Speicher die Anzüge meines Mannes gestohlen . Ich vermute , dass deutsche Soldaten , um der Gefangenschaft zu entgehen, die Zivilkleidung zur Flucht verwendet haben .
Wir wandern und wandern . Wie Zigeuner kommen wir uns vor . Am Abend kommen wir in Freiburg an . Die Freude , wieder zuhause zu sein , wird überschattet beim ersten Gang zum Lebensmittelamt . Ich melde mich an , um Lebensmitelkarten zu erhalten . Schließlich wollen wir ja nicht verhungern . Die Frau , die mich abfertigt und die ich nur als grausames Biest bezeichnen kann , sagt :" Gehen sie mit Ihren Kindern dorthin , wo Sie hergekommen sind!" Mir verschlägt's die Sprache , und hilflos sehe ich mich um im Zimmer . Da zwinkert mir eine ältere Dame zu und winkt mir zu herauszukommen . Draußen drückt sie mir drei Lebensmittelkarten in die Hand . Ich könnte weinen vor Glück . Der Alltag hat uns wieder . Doch jetzt kommt der Hunger . Da hilft uns ein Schrebergärtle im Stühlinger. Doch machmal wird mir vor Hunger bei der Arbeit schwarz vor den Augen und alles dreht sich im Kreise herum. Auch die Kinder kommen immer wieder und sagen : „Ich habe Hunger." Alles dreht sich ums Essen.

Um den Speisezettel aufzubessern , muss ich hamstern, besonders am Kaiserstuhl . Als meine Schwester Gertrud mit dem Fahrrad von Berlin nach Freiburg zurückkehrt , fahren wir mit dem Zug bis nach Meßkirch. Wir schicken Kisten mit Weizen heim und deklarieren sie als Büchersendung . Denn jedes Lebensmittel wird von der Besatzungsmacht beschlagnahmt . Abenteuerlich ist die Rückfahrt . Im überfüllten Zug krallen wir uns zuerst außen am Trittbrett fest . Die Nacht verbringen wir am Bahnhof von Donaueschingen , auf dem Rucksack sitzend . Und immer wieder die Angst vor der Kontrolle . Die Kinder haben's nicht gerne , dass ich hamstern gehe . So sammelt meine Tochter Hiltrud jetzt Apfelkerne; sie will sie im nächsten Frühjahr säen , damit ich nicht mehr hamstern muss. Unsere alte Kaffeemühle mahlt jetzt keinen Bohnenkaffee , sondern Weizen für Gebäck und Kuchen . Wenn im Herbst die Kastanien fallen , ziehen wir gemeinsam in den Herderner Wald . Und wenn die Bucheckern reif sind , wird mühsam gesammelt . Wir liefern sie ab und erhalten Öl dafür , jedoch nur ein Zehntel (!) der abgelieferten Menge. Den Hauptanteil behält die Besatzung . Wir haben Pech : In der französischen Besatzungszone ist die Ernährung am schlechtesten . Brennmaterial gibt es nicht . Für eine Mark holen wir uns einen Holzschein und sammeln Reisig im Mooswald . Später können wir Bäume fällen , eine harte Arbeit . Manchmal verlieren die Lokomotiven kleine und große Kohlestücke , die wir zufrieden nach Hause schleppen . Das ist der Kampf nicht nur gegen den Hunger , sondern auch gegen die Kälte im Winter. Motto : Wir lassen uns nicht unterkriegen . Immer noch keine Nachricht von meinem Mann . Auch eine Bekannte wartet vergeblich auf eine Nachricht von ihrem Sohn . Wir kämpfen immer noch ums Überleben . Trotz allem feiern wir gemeinsam , wenn's etwas zu feiern gibt : Weihnachten, Ostern , Geburtstage. usw. Wir sind bescheiden , und auch ein Apfelkuchen aus Vollweizen schmeckt gut zum Blümchenkaffee.
Bald kommen Kinderkrankheiten , bedingt durch die mangelhafte Ernährung . Mein Mann, der nach 15monatiger Kriegsgefangenschaft heil heimgekehrt war, ist ein viertel Jahr schwer krank. die Entbehrungen machen sich bemerkbar. Dem Normalverbraucher geht's in den ersten Nachkriegsjahren sehr schlecht .
Wir erhalten Besuch . Ein Bauer vom Kaiserstuhl steht vor der Tür. Im Krieg hat er seinen Arm verloren . Er war in derselben Kompanie wie mein Mann . Als mein Mann unvorsichtigerweise gegen Hitler und das Regime wettert , denunziert ihn der Besucher an höherer Stelle. Zum Glück hat diese Anzeige keine Folgen . Heute plagt ihn das Gewissen und er bittet um Verzeihung . Wir unterhalten uns lange ,. Er ist einer von vielen , die verführt und verblendet wurden . Die Einsicht kam zu spät , aber sie kam doch wenigstens .

Hebelmähli
Endlich ein Lichtblick ! Wir dürfen die nähere Umgebung von Freiburg verlassen und anlässlich des Hebelmähli, wo sich traditionsgemäß die Allemannen der verschiedenen Länder treffen , unsere Verwandten und Bekannten aus der Schweiz in Lörrach treffen . Wir nützen die Gelegenheit und fahren mit dem Zug nach Lörrach . Es ist natürlich kein luxuriöser Personenwagen, der uns befördert , sondern ein alter , dunkler Güterwagen , der früher vielleicht mal Kohlen geladen hat. Wer das Pech hat , sich an der Wand anzulehnen , kann seine Kleider später gründlich reinigen . Trotzdem ist die Stimmung heiter und erwartungsvoll. Viele Jahre haben wir uns nicht

mehr gesehen . Es gibt viel zu erzählen , und wir werden mit kulinarischen Genüssen verwöhnt, die uns längst fremd geworden sind. Unsere Basler Verwandten dürfen keine Pakete in die französische Zone schicken . Wolfgang wird zu einem Besuch nach Basel eingeladen .

Am Abend klettern wir wieder in unseren Kohlewagen . noch beschwingter und fröhlicher als am Morgen. Es war halt ein
winziges Stück Freiheit.

IV

Kindheitserinnerungen
aus der Nachkriegszeit

von Wolfgang Link

1. Fahrt in eine andere Welt

Hunger , Trümmer , Elend , Hoffnungslosigkeit. Eine junge Familie geht im Morgengrauen eines trüben Novembertages des Jahres 1946 an Bombentrichtern entlang zum Bahnhof . Gespenstisch tauchen Ruinen aus dem Nebel hervor . Vom Bahnhof ist nicht viel übriggeblieben: nur Gleise und Sperren sind notdürftig wieder hergerichtet . Kaum ein Fahrgast außer Hamsternden benützt die unregelmäßig verkehrenden Züge . Keine Straßenbeleuchtung. Alles ist dunkel , grau , trostlos . Nur die Lichter der Dampflok erhellen die gespenstische Umgebung . Eine Fahrt ins Ausland zur damaligen Zeit ist ganz ungewöhnlich . Nur wenige erhielten von der Besatzungsmacht die Erlaubnis. Glücklich war , wer eine Einladung von Verwandten aus der Schweiz hatte. Auch wenn Basel von Freiburg nur 60 Kilometer entfernt ist , war eine solche Fahrt für die meisten Bewohner der französischen Besatzungszone undenkbar. Vorausgegangen waren beharrliche monatelange Anträge meiner Mutter auf dem französischen Konsulat in Freiburg . Der Gouverneur verwehrte auch Kindern erbarmungslos die einfachste humanitäre Hilfe. Die gegenüber dem Erzbischof geäußerte zynische , menschenverachtende Aufforderung , die Friedhöfe für Kinder zu vergrößern , sollte auch auf mich angewendet werden.

Dass Liebe und Beharrlichkeit stärker sind als der Hass der Mächtigen , zeigte sich auch in meinem Fall . Meine Mutter und meine Großtante in Basel setzten sich gegen die Besatzer durch. Meine Großtante erklärte schließlich , sie werde erst das Konsulat verlassen , wenn sie die Einreisegenehmigung erhalte. Aber mit neuen Schikanen versuchten die Besatzer , die Einreise unmöglich zu machen..Als Vierjähriger sollte ich allein ins Ausland reisen. Meine Mutter oder meine Großtante durften mich nicht begleiten. Aber auch da wusste meine Großtante Rat : Am Badischen Bahnhof Basel bat sie einen Postangestellten, mich in Obhut zu nehmen.

Trotz dieser Erfahrungen sehe ich in der deutsch - französischen Freundschaft eine der größten Errungenschaften der Nachkriegspolitik . Künftige Generationen sollten dies nicht als Selbstverständlichkeit ansehen , sondern gerade im Hinblick auf das viele Leid vergangener Zeiten , das sich die beiden Völker gegenseitig antaten , dankbar sein und die freundschaftlichen Beziehungen pflegen und weiter vertiefen .

Da reiste ich , betreut von freundlichen Postlern , umgeben von Briefen und Paketen. In Basel angekommen , empfingen mich meine Verwandten überaus herzlich und machten mir den Schmerz über die Trennung von meinen Familienangehörigen erträglicher .

Die ersten Eindrücke waren überwältigend : Keine Ruinen , gut gekleidete, fröhliche Menschen auf den Straßen . Die Stadt prangte im vorweihnachtlichen Lichterglanz. Ich kam aus dem Staunen über die prächtig geschmückten Schaufenster nicht mehr hinaus, die Dinge enthielten, die ich nicht einmal vom Hörensagen her kannte. Das reichliche Essen, das mir meine Verwandten vorsetzten, veranlasste mich zu der Bemerkung am ersten Tag : „Ihr lebt aber üppig !"Dass ich eine Banane schälen müsse und nicht gleich hineinbeißen durfte, mussten mir meine Gastgeber erst einmal beibringen.Dazu kamen Aufenthalt in der gut geheizten Stube, viele Spielsachen, Lichterglanz Wunderkerzen und vieles andere, was ein Kinderherz erfreute..

Aber dies alles sollte mir nur einen Monat lang vergönnt sein, wenn es nach dem Willen der französischen Militärregierung gegangen wäre. Doch meine Großtante siegte ein zweites Mal. Stundenlang stritt sie mit dem Angehörigen des französischen Konsulats, bis dieser widerwillig die Aufenthaltsgenehmigung um weitere drei Monate verlängerte. Im selben Monat erhielt ein prominenter Schriftsteller auf Einladung von Basler Freunden auch die Erlaubnis zur Fahrt über die Grenze : Wolfgang Borchert. Als erklärter Gegner des NS - Regimes hatte er Jugend und Gesundheit im KZ und an der Front verloren. Seine Freunde hofften , dem Todkranken in einem Basler Spital helfen zu können. Totaler Ausfall der Leberfunktion, dem Tode geweiht, NS - Verfolgter : Trotzdem durfte seine Mutter ihn nicht über die Grenze begleiten -Befehl ist Befehl - Hass der „Befreier" auch gegen einen anerkannten NS - Verfolgten. Blinder Hass gegen alle Deutschen , gleichgültig ob NS-Gegner oder unschuldige Kinder.

Obwohl ich damals noch viel zu klein war, um die Zusammenhänge zu verstehen , prägten sich mir diese Unmenschlichkeiten tief in meine Seele ein .

Nach vier Monaten Aufenthalt in einer heilen Welt kehrte ich in die gleiche trostlose Umgebung zurück : Hunger, Kälte, Trümmer , Elend , Hass.... Der Mangel wurde mir nach einer Zeit des Überflusses nur noch deutlicher.bewusst. Aber dies wurde erträglicher durch die Wärme und Geborgenheit , die Eltern und Großeltern mir zuteil werden ließen. Dass ich nicht wie viele verhungert bin , verdanke ich dem selbstlosen , unermüdlichen Einsatz meiner Familienangehörigen , insbesondere meiner Mutter. Sie sorgte sich um uns bis zur Erschöpfung. Sollte dies nicht auch für mich Grund sein, Menschen in Not zu helfen ?

2. Fraternisierung verboten

Nach der Bombardierung Freiburgs wurden wir in das von Fliegerangriffen verschonte Neustadt evakuiert . Nach Kriegsende rückten Franzosen ein und beschlagnahmten das Haus , in dem wir wohnten. In einer anderen Unterkunft wurde meine Mutter als Dolmetscherin von unserem neuen Hauswirt zu einem hohen französischen Offizier gebeten mit den Worten : „Aber bringen sie die Kinder mit , damit die Besatzer gnädig gestimmt sind!" Im Verlauf des Gesprächs fragte meine Mutter den Vertreter der Militärmacht , wie er sich die Zeit nach dem Kriege vorstelle. Er erklärte selbstsicher , dass Baden an Frankreich angegliedert werde, ein für uns unvorstellbarer Gedanke .

Nach Freiburg zurückgekehrt , wurde uns von unseren Hausbesitzern eröffnet, dass wir ein Zimmer der ohnehin kleinen Wohnung an sie abtreten müssten . Sie waren wegen ihrer NS - Vergangenheit aus ihrer Wohnung rausgeworfen und in den Keller verbannt worden .

Zu Hunger und Kälte kam die quälende Ungewissheit infolge Postsperre, ob Vater noch am Leben ist. Wir wussten nur , dass er mit seiner Kompanie gegen Kriegsende in der Normandie war .

Nach anderthalb Jahren bangen Wartens klingelte es an meinem 4. Geburtstag morgens gegen 7 Uhr.Neugierig öffnete ich die Tür. Vor mir stand ein mir unbekannter Mann in grüner Uniform. Angsterfüllt rannte ich in die Wohnung und sagte :"Draußen steht ein Franzos' „ Umso verblüffter war ich , als meine Mutter ihm um den Hals fiel. Das war eine Geburtstagsfreude ! Der Krieg hatte ihn mir vier lange Jahre vorenthalten. Nur allmählich erzählte er von den schlimmen Erfahrungen mit den Franzosen , die auch ihm als erklärten NS - Gegner widerfuhren (Beinahe wäre er wegen kritischer Äußerungen gegen das NS -Regime vor Wehrmachtsangehörigen - ins KZ gekommen.)

Bei der Gefangennahme wurde er und seine Kameraden mit Steinen beworfen und ange-spien. 'Nie wieder nach Frankreich '

Seine Haltung änderte sich erst , als er von einem französischen Offizier , Vater einer Schülerin , zu sich nach Hause eingeladen wurde . Seine vornehme Art, seine Menschlichkeit und seine Bildung halfen ,das Feindbild abzubauen.

Ein unvergessliches Erlebnis ist für mich auch folgende Begebenheit in der Zeit größten Hungers : Trotz Fraternisierungsverbotes lud mich an einer Straßenbahnhaltestelle eine sympathische Französin ein , aus einer Dose soviel Kekse zu nehmen , wie ich wollte. Solche Zeugnisse der Menschlichkeit wie auch der Empfang von Care- Paketen waren Vorboten der Verständigung zwischen den ehemals verfeindeten Nationen. In späteren Jahren habe ich mit Franzosen manche bereichernden Begegnungen gehabt. Es ent-standen Freundschaften, die mich mit Dankbarkeit an dieses Erlebnis aus der frühen Kindheit erinnern.

Auch denke ich an eine beeindruckende Predigt des Bischofs von Straßburg , die Ende der vierziger Jahre im Rundfunk übertragen wurde .Mit glühenden Worten setzte er sich für die Verständigung zwischen Deutschen und Franzosen ein und beschwor das gemein-same abendländische Erbe , angefangen von Kaiser Karl dem Großen. Worte , die in eine bessere Zukunft wiesen.

3. Schule einmal anders

Bei einem Schulfoto aus der ersten Klasse fällt auf : kein Lächeln, ernste Gesichter mit traurigen Mienen, gezeichnet durch Hunger, Entbehrungen , Trümmerlandschaften , Kinder , denen der Krieg zum Teil sogar den Vater geraubt hat . Da in Freiburg mehrere Schulen durch den Fliegerangriff zerstört waren , mussten Provisorien eingerichtet werden . So war die Grundschule Freiburg - Herdern in einem Hotel untergebracht . Um die vorhandenen Gebäude voll auszunutzen , wurde Schichtunterricht noch viele Jahre nach der Zerstörung abgehalten . Einzige Lehrmittel in den ersten Jahren waren Tafel und Kreide, eine Ausstattung vergleichbar den Entwicklungsländern. Schon im Kindergarten war Zeichenpapier Mangelware und wurde nur denen verteilt , deren Eltern den Kinderschwestern Nahrungsmittel gaben. (Dass ich es trotzdem zum Kunsterzieher brachte , verdanke ich einem äußerst fähigen Zeichenlehrer . Er verstand es mit einfachsten Mitteln , in seinen Schülern Talente zu wecken und sie für sein Fach zu begeistern.) Aber der Mangel wurde durch den Idealismus und die Herzenswärme des Lehrers der ersten Klasse wettgemacht , der uns wie ein gütiger Vater behandelte . Nur einmal , am Aschermittwoch tadelte er einen Mitschüler , der an seiner Hose als Fastnachtsdekoration noch Fransen trug, mit den Worten :
„Fastnacht ist doch vorbei, und dies ist fehl am Platz !" Schüchtern erzählte der Junge, sein Vater sei im Krieg gefallen , er besitze nur eine Hose , seine Mutter müsse arbeiten gehen und sei noch nicht dazugekommen , die Fransen abzutrennen. Eine scheinbar belanglose Begebenheit , die viel vom Leid unschuldiger Kinder ahnen lässt .
Trotz aller Entbehrungen gab es in den großen Pausen etwas Besonderes : die kostenlose Schulspeisung . Da standen wir mit dem von zuhause mitgebrachten Kochgeschirr (zum Teil aus Wehrmachtsbeständen) Schlange vor einem großen Topf mit Erbswurstsuppe oder Trinkschokolade. Sie war in uneigennütziger Weise von Hilfsorganisationen aus den USA gestiftet. Jedesmal war es ein Festessen , das den Hunger für einige Stunden vergessen ließ. Dies war wie die Hilfsgüter der Rosinenbomber während der Berlinblockade mehr als nur materielle Hilfe. Es bedeutete auch Symbol für Wiedergutmachung begangenen Unrechts , Versöhnung und Bereitschaft zum Frieden zwischen den einst verfeindeten Fronten .

V
Eine unerwartete Bescherung
von Iris Schiefer

Die Familie der Autorin wurde beim Fliegerangriff am 27. November 1944 ausgebombt und war anschließend im Haus ihres Hausarztes untergebracht.Sie erzählt :
Eines Tages kam eine Nachbarin zu uns ins Arzthaus und berichtete meiner Mutter , dass ein in ihrer Wohnung einquartierter französischer Offizier gerne ein Kind mit Spielzeug beschenken wollte. Woher er diese Dinge hatte, weiß ich nicht mehr. Die Nachbarin habe dabei an mich gedacht und meine Mutter gebeten , mit mir der Einladung zu folgen. Meine Mutter war zunächst nicht sehr begeistert und verständlicherweise etwas misstrauisch. Die Frau beruhigte meine Mutter mit den Worten , dass dieser Mann durchaus vertrauenswürdig sei . Sie könne dies beurteilen , da er ja bei ihr wohne.
Wir gingen also hin , und ich kann mich noch lebhaft erinnern , dass wir ein schönes , großes , gut möbliertes Zimmer betraten ,der französische Offizier meiner Mutter galant die Hand küsste und mich sogleich auf den Arm nahm. Die Unterhaltung war problemlos. Es wurde Deutsch gesprochen , und es stellte sich heraus, dass der Franzose in Frankreich Deutschlehrer am Gymnasium war . Er hatte großes Heimweh nach Frau und Kindern und wäre so gerne wieder bei seinen Lieben in der Heimat gewesen . Sehr teilnehmend fragte er auch nach meinem Vater , ob meine Mutter ein Lebenszeichen von ihm erhalten hätte . Leider war das nicht der Fall . Der Offizier - ich weiß leider seinen Namen nicht - bot meiner Mutter eine Zigarette an . Obwohl sie Nichtraucherin war , nahm sie sie an und paffte ein bisschen . In guter Erinnerung habe ich noch , dass ich ein Gedicht aufsagte . Zu meinem 6. Geburtstag hatte ich einen Gedichtband geschenkt bekommen mit dem Titel : 'Die Bume im Lied'. Unter den Gedichten befindet sich auch eines von Johann Wolfgang von Goethe : 'Gefunden.

> Ich ging im Walde so für mich hin
> und nichts zu suchen , das war mein Sinn .
> Im Schatten sah ich ein Blümlein stehn,
> wie Sterne leuchtend , wie Äuglein schön.
> Ich wollt' es brechen, da sagt' es fein :
> „Soll ich zum Welken gebrochen sein ?"
> Ich grub's mit allen den Würzlein aus
> zum Garten trug ich's am hübschen Haus
> und pflanzt' es wieder am stillen Ort;
> nun zweigt es wieder und blüht so fort.

Das habe ich ihm vorgetragen. Er war begeistert und bat mich , dieses Gedicht für ihn aufzuschreiben . Ein Poesiealbum hatte er zur Hand, und so schrieb ich mit meiner ungelenken Kinderschrift - ich war gerade acht Jahre alt - dieses Gedicht für ihn in das Buch. Zum Abschied schenkte er mir viele Spielsachen , darunter eine wunderschöne Puppe , und meiner Mutter gab er ein paar Nahrungsmittel mit, die er von seiner eigenen Verpflegung für uns abgezweigt hatte. Es war ein friedlicher Abend bei Kerzenschein

und guten Gesprächen. Über Politik fiel kein Wort . Wir waren ganz einfach Menschen ,
die in schwerer Zreit, über alle Grenzen hinaus , friedlich zusammengetroffen sind und
uns sowohl menschlich als auch kulturell etwas zu sagen hatten.

VI

Eine gelungene Köpenickiade nach Ende des Zweiten Weltkrieges oder Ein Husarenstück aus der Normandie.

Für zahlreiche deutsche Soldaten bedeutete das Ende des Zweiten Weltkrieges noch lange nicht das Ende ihres Leidensweges . Viele , insbesondere an der Ostfront ,kamen in KZ-ähnlichen Lagern , in denen sie als Zwangsarbeiter hart arbeiten mussten. infolge Hunger , Kälte und Seuchen ums Leben . Nicht so Werner B. und Carl - Heinz M. . Kurz nach der Landung der Alliierten in der Normandie kamen sie September 1944 in englische Kriegsgefangenschaft. Zwar mussten sie in Caen Aufräumarbeiten leisten. Diese Stadt war von den Alliierten zerstört worden in der Annahme , dass Deutsche dort stationiert seien. Mit Schrecken denken die Gefangenen an die Bergung von Leichen aus den Kellern zerstörter Häuser zurück. Bei allen Greueln wurden sie von den Engländern menschlich behandelt. Neben dem Lebensnotwendigen gab es sogar eine Bücherei , Theater - und Konzertaufführungen. Darüber hinaus genossen sie gewisse Privilegien,da sie als Dolmetscher in der Lagerverwaltung eingesetzt wurden. Nach dem Kriegsende in Japan wurde das Lager unter französische Verwaltung gestellt. Zunächst arbeiteten sie weiter in der Lagerverwaltung und wurden nach einem kurzen Intermezzo auf einem Château im Calvados wieder einer britischen Militäreinheit überstellt, die sich mit der Rückführung englischen Kriegsmaterials nach Groß-Britannien befasste.
Mitte 46 erfuhren sie , dass sie den Franzosen zur Minenräumung im Elsass überstellt werden sollten . Dies kam einem Himmelfahrtskommando gleich . Da entschlossen sie sich zur Flucht . Für die meisten Kriegsgefangenen bedeutete dies eine hohes Risiko : angefangen von der großen Strecke , die bis nach Deutschland zu überwinden war bis zur Gefahr, im fremden Land oder an der Grenze im Prisonier of War - Anzug gefasst zu werden . Da hatten es die beiden in englischen Diensten stehenden Gefangenen leichter : Da sie Zugang zur Schreibstube hatten, konnten sie unter Verwendung von Fotos aus ihren eigenen Ausweisen und englischen Stempeln Ausweispapiere mit englischen Namen anfertigen. Mit englischen Uniformen und zusammengespartem Geld aus Zigarettenverkäufen sowie Erlösen aus dem Verkauf persönlicher Gegenstände waren sie in der Lage, Fahrkarten zu kaufen und auch sonstige Reisekosten wie Hotelunterkunft usw. zu decken.
Am Ostermontag 1947 war es soweit : Um 3 Uhr nachts verließen sie das Lager und fuhren im überfüllten Expresszug unerkannt nach Paris. Dort angekommen , ließen sich die Herren Offiziere ein luxuriöses Menu schmecken und reisten anschließend im Erste - Klasse - Abteil nach Straßburg. Da sie noch genügend Geld hatten, konnten sie sich eine Übernachtung in der Nähe des Straßburger Münsters leisten . Welcher Gegensatz zum bescheidenen Lagerleben in Zelten auf selbstgefertigten Pritschen ! Um auszukundschaften , wie sie am besten nach Deutschland kommen konnten, gingen sie in Richtung Rheinbrücke. Und wieder war das Glück ihnen hold : Ein Elsässer sprach sie an in der richtigen _Vermutung, dass es sich wohl nicht um Engländer, sondern um Deutsche handelte.. Daraufhin bot er ihnen deutsche Reichsmark gegen französische Franc an und beriet sie , wie sie am besten über die

Grenze kommen konnten . Nach einer nochmaligen Übernachtung in Straßburg nahmen sie den Zug in Richtung deutsche Grenze über Wissembourg (Weißenburg) . Dieser war nur für Militärs zugelassen . Im Zug wurden die vermeintlichen englischen Offiziere von den Grenzbeamten äußerst zuvorkommend behandelt und erreichten nach Pass- und Gepäckkontrollen (dank der eigenhändig angefertigten Papiere) deutsches Gebiet . Das ganze Ausmaß des Schreckens des Krieges wurde ihnen beim Anblick der schwer zerstörten Städte Speyer und Mainz bewusst. Zwischen Mainz und Frankfurt verkehrte ein Zug , der nur für Arbeiter der Firma Hoechst zugelassen war. Nachdem die beiden zum Schaffner sagten :'We are english ' nahm dieser sie unterwürfig in sein Dienstabteil . Als Dank schenkten sie ihm englische Schokolade. Wegen Ausganssperre ab 22 Uhr mussten sie die Nacht in der Bahnhofsvorhalle Marburg verbringen . Auch da kam ihnen die englischen Uniformen zugute : Die amerikanische Militärpolizei ließ sie unbehelligt. Deutschen Polizeibeamten gaben sie sich als Kriegsgefangene zu erkennen. Diese zeigten sich entgegenkomnmend, obwohl sie nach den allierten Bestimmungen verpflichtet waren , flüchtige Kriegsgefangene den Militärbehörden zu übergeben. . Auch der Bürgermeister von Oberschlehdorn   (Sauerland) kam Werner B., dessen Eltern in Ober-schlehdorn lebten , entgegen und stellte ihm einen Ausweis mit dem Vermerk 'Aus der Kriegsgefangenschaft als Flüchtling heimgekehrt' aus. Damit war die abenteuerliche Flucht dank der Hilfsbereitschaft vieler Menschen geglückt.

Vll
Ein ungewöhnliches Schicksal aus dem Zweiten Weltkrieg

erzählt von G. K.

Bünnewitz, ein Dorf mit etwa 260 Einwohnern auf der Insel Gristow im Camminer Bodden gegenüber der Kreisstadt Cammin / Pommern gelegen, bot meiner Mutter, meinem Bruder und mir eine Zuflucht vor den immer häufiger werdenden Bombenangriffen auf Berlin. Hier in diesem ländlichen Idyll fühlten wir uns trotz des Infernos des Krieges bei unseren Großeltern während der Schulferien geborgen. Die Schule besuchten wir zunächst in Berlin. Ende 1941 wurden sämtliche Schulen Berlins evakuiert , da die Fliegerangriffe einen normalen Unterricht unmöglich machten. Die Mädchenschule, die ich besuchte, sollte nach Posen, die Knabenschule meines Bruders nach Thüringen verlegt werden. Meine Mutter hatte erreicht , dass mein Bruder und ich nicht getrennt wurden. Ich durfte also mit dem Knabentransport angeblich in Richtung Thüringen fahren . Die Wagen waren alle mit 'Sanden' gekennzeichnet . Das Begleitpersonal konnte den fragenden Eltern keine Auskunft geben (oder durfte es nicht). Es war eine Fahrt ins Ungewisse , die drei volle Tage und Nächte dauerte. Immer wieder wurden wir auf ein Abstellgleis rangiert , weil die Militärtransporte durchge-lassen werden mussten. Endlich lief unser Zug bei Dunkelheit im Bahnhof Sanden ein .Am Bahnsteig sprach mich eine stattliche Frau an :"Du kommst mit mir !" Ich konnte nur noch stammeln : „Das ist mein Bruder, der muss mit! " Sie schaute uns beide an, dann wurden wir in einen riesigen Schlitten mit Pelzen eingepackt Die Fahrt durch tief verschneite Winterlandschaft war für uns ein unvergessliches Erlebnis. Das Gut Lehntal war Oase der Geborgenheit nach den Schrecken der Bombennächte im Luftschutzkeller in Berllin. . Das Einzige , was uns in unserer neuen Bleibe Angst einjagte, war das schau-rige Heulen der Wölfe, das für uns Großstadtkinder völlig ungewohnt war. Zu unserem Reiseziel Sanden : Wir waren im tiefsten Ostpreußen , nahe der litauischen Grenze gelandet , in friedlichen Zeiten ein herrliches Fleckchen Erde . Auf dem Gutshof waren etwa 100 russische und drei französische Kriegsgefangene als Zwangsarbeiter unterge-bracht. Alle wurden sehr menschlich behandelt. Die Franzosen erhielten Essen aus der Gutsküche, die Russen beköstigten sich bei guter Versorgung selbst.
In Bünnewitz, auf dem Hof einer Jugendfreundin meiner Mutter , war ein gefangener Pole auch als Zwangsarbeiter untergebracht, der fast wie ein Familienmitglied behandelt wurde. Nur seine Mahlzeiten musste er in der Küche alleine einnehmen. Man war ja nie vor Überraschungen sicher. Als sie März 1945 fliehen mussten, bat der Pole seine deutsche Familie, mit ihnen gehen zu dürfen.
Die humane Behandlung von Kriegsgefangenen in Deutschland ist kein Einzelfall. So eröffnete ein Wuppertaler Unternehmer, Inhaber einer bedeutenden Maschinenfabrik den ihm zugewiesenen Ukrainern: "Ihr werdet genauso behandelt wie die Deutschen." Er handelte damit entgegen den Weisungen des NS - Regimes und hätte bei Bekanntwerden größten Ärger bekommen können. Noch viele Jahre besuchten ihn die ehemaligen „Zwangsarbeiter" und beteuerten ihm , noch nie sei es ihnen so gut gegangen wie während ihres Aufenthaltes in seinem Betrieb.

Nochmals zurück nach Ostpreußen / Lehntal. Für uns Stadtkinder war der Ort ein Paradies. Lediglich die Dorfschule hatte ich in schlechter Erinnerung. Zu Unterrichtsbeginn stürmte der Lehrer in SS-Uniform und dem Heil-Hitler-Gruß ins Klassenzimmer . Mit seinem Rohrstock verbreitete er Angst und Schrecken. Wer das zu Beginn jeden Tages zu singende Horst-Wessel-Lied nicht kannte und nicht laut mitsang, erhielt Schläge.

Da in dieser Zeit die Briefpost (Feldpost) noch funktionierte, erfuhr unser Vater, der am Russlandfeldzug teilnahm , bald von unserem Aufenthalt. Als Soldat an der Ostfront war ihm die aussichtslose Lage der deutschen Armee klar. Er befürchtete, dass die Russen angesichts des Rückzuges der Wehrmacht bald in Litauen und somit auch in Deutschland einmarschierten und forderte meine Mutter auf, uns nach Berlin zu holen. (Wäre der Brief der Zensur in die Hände gefallen , wäre er sicher von einem Militärgericht zum Tode wegen Wehrkraftzersetzung verurteilt worden .Meine Mutter hat diesen Brief auch gleich verbrannt.) Mein Vater erlebte die Schrecken des Krieges unmittelbar : Er wurde in Stalingrad verwundet und gehörte zu den Glücklichen , die mit dem letzten Transport ausgeflogen wurden.

Nach seiner Genesung in einem Lazarett in Pirna wurde er in Köln eingesetzt. Hier hatte er mit einem Trupp Kriegsgefangener einen Güterzug zu entladen. Zum Schluss hatten einige die Weinfässer entdeckt und eines angestochen . Einer war völlig betrunken. Mein Vater wollte ihn auf einer provisorischen Bahre wegtragen. Doch bevor er ihn und die anderen in Sicherheit bringen konnte , geschah etwas Unvorhergesehenes. Ein Mann in Zivil tauchte auf und forderte Rechenschaft. Mein Vater verweigerte sie ihm. Wutschnaubend ging er weg mit der Drohung : „Sie lernen mich noch kennen!" Ehe mein Vater mit den Kriegsgefangenen das Bahngelände räumen konnte, tauchte dieser jetzt in der Uniform als Oberstleutnant wieder auf , dieses Mal mit Verstärkung. . Sein Einsatz für die Gefangenen brachte ihn in den Karzer bei Wasser und Brot. Der Karzer bestand aus einem Einmann - Erdloch, in dem er weder sitzen noch liegen konnte. Über dem Kopf war ein Eisengitter angebracht. Dem Kompaniechef meines Vaters wurde der Vorfall gemeldet , und es gelang ihm, seinen Unteroffizier nach acht Tagen aus seiner bedrohlichen Lage zu befreien. Sein Kommentar :„Nochmal machen Sie so etwas nicht , wir könnten sonst beide auf der Abschussliste stehen !"

Doch nun wieder zu unserer Rückkehr aus Ostpreußen. Die Trümmer rauchten noch , als meine Mutter mit uns in Berlin ankam. Vor unserem Haus kam uns eine Nachbarin , deren Nerven blank lagen, mit den Worten entgegen : „Was wollen Sie in Berlin? Machen Sie ‚dass Sie rauskommen !" Beim letzten Bombenangriff wurde ihre Tochter schwer verletzt. Die Schwiegertochter kam dabei ums Leben . Zudem hatte sie die Nachricht erhalten , dass ihr Sohn und auch ihr Schwiegersohn gefallen waren .

Die folgende Zeit verbrachten wir meist bei unserer Großmutter in Bünnewitz, weitgehend verschont von den Kriegswirren. Lediglich ab und zu hörten wir das unheimliche Dröhnen von feindlichen Flugzeugen. Ihr Ziel war Peenemünde. Dort wurden V 2 - Raketen gebaut. Zwischendurch hielten wir uns jeweils für etwa 14 Tage in Berlin auf.. Wir wollten damit verhindern, dass fremde Personen in unsere Wohnung einquartiert wurden. Sonst richteten wir uns in der Heimat unserer Großeltern häuslich ein. Ich besuchte die dortige Dorfschule. Wie in Litauen wurden Schüler von der ersten bis zur achten Klasse in einem Raum unterrichtet. Wir erlebten , gemessen an den bisherigen schrecklichen Erlebnissen weitgehend sorglose Tage.

Aber die Ruhe war trügerisch : Am dritten März 1945 wurde Cammin von sowjetischen Truppen eingenommen. Die kleine Insel Gristow war auf einmal Kriegsschauplatz. Plötzlich wimmelte es von deutschen Soldaten. Im Schutz der Insel , von der Stadt Cammin aus nicht zu sehen , lag über Nacht ein deutscher Zerstörer. Ab und zu verließ er den Schutz der Insel und feuerte auf Cammin . . Um ein Haar hätte eine Granate meinen Bruder und mich getroffen, die direkt neben uns in einem Baum einschlug.Es gab zahlreiche Verwundete.

Am 5. März räumte das deutsche Militär die Insel. Bäderschiffe, mit denen sonst die Urlauber zur Ostsee fuhren , wurden eingesetzt, um in erster Linie Verwundete, , dann auch die Inselbevölkerung ans gegenüberliegende Ufer zu bringen. Meine Großmutter weigerte sich mitzukommen : „Ich will lieber in meiner Heimat sterben!"

5. März 1945 , 18 Uhr: schauriges Szenario, dichtes Schneegestöber, Beschuss. Meine Großmutter kam noch zum Kanal, wo die Schiffe anlegten. Jeder hatte soviel Gepäck , wie er tragen konnte. Meine Mutter hatte im Sportwagen meinen jüngsten Bruder , er war herzkrank und einen Koffer, auf dem Rücken einen Rucksack mit Verpflegung. Als wir an das Schiff kamen , das uns mitnehmen sollte, befahl ein diensthabender Soldat : „Entweder nehmen Sie den Kinderwagen oder den Koffer !" Meine Mutter wehrte sich gegen diese Unmenschlichkeit mit den Worten „ Spinne ich oder spinnen Sie ?" Großmutter nahm den Koffer wieder mit nach Hause. In die Kabinen kamen Verwundete, meine Mutter wurde mit meinem kleinen kranken Bruder auch im Schiffsinneren untergebracht, während mein älterer Bruder und ich oben an der Reling standen. Eine unvergessliche Schiffsreise, eisige Kälte, Schneesturm, Beschuss durch sowjetische Tiefflieger, eine leise Hoffnung , das trettende Ufer zu erreichen. Dies war der Anfang unserer Flucht quer durch _Deutschland.

Ein hoher sowjetischer Offizier, der in West-Deutschland im Exil lebte, bemerkte zur Politik der Vertreibung,, ' egal ob 8000 , 80000 oder 800000 Nazi in den Ostgebieten lebten , die Vertreibung sei durch nichts zu rechtfertigen und bleibe ein großes Verbrechen.'

Das Ufer der Halbinsel Wollin bot keine Verschnaufpause. Soldaten trieben uns sofort weiter , da auch hier schon mit Beschuss gerechnet wurde. Bei Dunkelheit , Kälte und Schnee mussten wir weiter, bis wir an einen Gutshof kamen. Die Besitzer waren bereits geflohen. Auf dem Gut war außer dem Schweizer niemand mehr anwesend. Er hielt die Ankommenden dazu an, in den Stall zu gehen und Kühe zu melken. Hier übernachteten wir zusammen mit weiteren Flüchtlingen auf Strohballen. Für uns ging am anderen Tag die Flucht auf Schusters Rappen weiter. Jetzt kamen wir in den großen Flüchtlingsstrom. Da waren Menschen schon Wochen unterwegs mit ihrer Habe, die auf Leiter- oder Planwagen, verladen waren und von Pferden gezogen wurden Die meisten besaßen schon nicht mehr das, womit sie von zuhause aufgebrochen waren. Im Straßengraben lagen umgestürzte Fuhrwerke, daneben verendete Tiere (Pferde , Kühe oder der Lieblingshund), teils durch Entkräftung , teils durch Tiefliegerbeschuss gestorben. Der endlose Flüchtlingstreck bewegte sich nur im Schneckentempo. Ständig waren wir durch Tiefliegerbeschuss in Lebensgefahr. Menschen , die gestorben waren, wurden, soweit die Angehörigen über ein Leintuch verfügten, darin eingewickelt und unter Schnee zur letzten Ruhe gebettet. Der Treck musste weiter. Eine Szene hat mich besonders erschüttert : Eine junge Frau gebar ihr Kind inmitten dieser Hölle. Das Kind war tot. Sein Grab war der Straßengraben, der Sarg etwas Schnee, mit dem es bedeckt wurde.

Die Schreckensvision des heimkehrenden Soldaten Beckmann in Wolfgang Borcherts 'Draußen vor der Tür' wurde für uns entsetzliche Wirklichkeit :

Beckmann berichtet seinem Oberst:

Da steht ein Mann und spielt Xylophon. Er spielt einen rasenden Rhythmus. ... Er schwitzt Blut , dampfendes , dunkles Blut.... Er muss ein schlachtenerprobter General sein, denn er hat beide Arme verloren. Ja, er spielt mit langen , dünnen Prothesen, die wie Handgranatenstiele aussehen.... Die Hölzer seines riesigen Xylophons sind gar nicht aus Holz. Nein, glauben Sie mir , Herr Oberst, glauben Sie mir, sie sind aus Knochen .... Schädeldecken hat er da, Schulterblätter, Beckenknochen. Und für die höheren Töne Armknochen und Beinknochen. Dann kommen die Rippen, viele tausend Rippen. Und zum Schluss , ganz am Ende des Xylophons, wo die ganz hohen Töne liegen , da sind Finger , Knöchel, Zehen ; Zähne ....Also der General steht vor dem Riesenxylophon aus Menschenknochen und trommelt mit seinen Prothesen einen Marsch ... Und dann kommen sie .... Dann stehen sie auf aus den Massengräbern mit verrotteten Verbänden ... Dann tauchen sie auf aus den Ozeanen, aus den Steppen und Straßen, aus den Wäldern kommen sie , aus den Ruinen und Mooren, schwarz gefroren, grün , verwest. Aus der Steppe stehen sie auf , einäugig, zahnlos, einarmig, beinlos, mit zerfetzten Gedärmen, ohne Schädeldecken, ohne Hände, durchlöchert, stinkend, blind. Eine furchtbare Flut kommen sie angeschwemmt, unübersehbar an Zahl, unübersehbar an Qual ! Das furchtbare, unübersehbare Meer der Toten tritt über die Ufer seiner Gräber und wälzt sich breit, breiig , bresthaft und blutig über die Welt ....

Wolfgang Borchert, Draußen vor der Tür
aus: Wolfgang Borchert: Das Gesamtwerk
Copyright © 1949 by Rowohlt Verlag GmbH, Hamburg
Erscheinungstermin 2003

Die einzige Hilfe kam von deutschen Soldaten: Sie sorgten für Ordnung , wenn es so etwas überhaupt noch gab . Uns half ein Landser beim Einsteigen in einen Güterzug, der uns nach Westen brachte. Wir verbrachten die Fahrt in einem Viehwagen. Niemand hatte etwas zu Essen. In Anklamm angekommen, verließen wir den Zug. Vor dem Bahnhof hielt ein Bauer mit seinem Traktor mit Hänger. Meine Mutter frug ihn , wo er hinfahre und ob er uns ein Stückchen mitnehmen könne . Er musste nach Demmin und war bereit , für ein paar Zigaretten uns aufsteigen zu lassen. Wir hatten die Stadt Anklam ein gutes Stück hinter uns gelassen , als Bomben vor allem auf das Bahnhofsgebiet fielen. Wir sahen den Feuerschein aus sicherer Entfernung. In Demmin erfuhren wir dann, dass es bei dem Terrorangriff zahlreiche Tote gegeben hatte. In Demmin boten uns Mitarbeiter einer Hilfsorganisation die auf eintreffende Flüchtlinge vorbereitet waren , eine Unterkunft an. Wir wurden , dank meines kleinen kranken Bruders , in einer beheizten Schule untergebracht. Die Fußböden waren mit Heu bedeckt. Darauf lagen die Menschen. Meine Mutter war froh , eine warme Unterkunft für uns zu haben, bis sie feststellte, dass wir zwischen lauter Ruhrkranken lagen . Beim Morgengrauen verließen wir das Haus. Zum Abschied erhielten wir ein Stück trockenes Brot , besser als gar nichts . Unterwegs half uns ein Soldat beim Einsteigen in einen Personenzug in Richtung Neubrandenburg. Dort konnten wir eine Fahrkarte nach Hamburg lösen. Wir fuhren dorthin in der Hoffnung , bei unseren Verwandten eine vorübergehende Bleibe zu finden. Kaum waren wir am Bahnhof angekommen, heulten die Sirenen.

Hamburg bot infolge unzähliger Bombenangriffe ein trostloses Bild. Wo man hinsah , nichts als Trümmer. In einer einzigen Nacht kamen durch den Abwurf von Spreng- und Brandbomben 40000 Menschen ums Leben.

Das Haus unserer Verwandten stand noch , wenn auch beschädigt. Die zertrümmerten Fensterscheiben waren durch Holz und Pappe ersetzt. Unsere Hoffnung, bei unseren Verwandten Beistand zu finden , wurde sehr schnell mit den Worten zunichte gemacht : „Was wollt ihr hier ? Ihr habt 'ja' auf Göbbels Frage geschrieen 'Wollt ihr den totalen Krieg?'" Schließlich willigten sie ein, dass wir eine Nacht bleiben konnten. Wir waren so erschöpft, dass wir nichts von dem nächtlichen Bombemangriff mitbekamen. Die anderen Bewohner waren in den Bunker gelaufen , uns hatte man im Haus zurückgelassen.

Am nächsten Tag fuhren wir , tief enttäuscht über das Verhalten unserer Angehörigen, trotz der drohenden Gefahr nach Berlin. Der Zug musste umgeleitet werden, da die direkte Strecke bombardiert worden war. In Neuruppin wurden wir von hilfsbereiten Verwandten aufgenommen. Wie wohltuend war ihre Herzenswärme, verglichen mit der Reaktion unserer Angehörigen in Hamburg ! Unsere Gastgeber schlugen uns vor, bis Kriegsende bei ihnen zu bleiben. Aber unserer Mutter ließ das Schicksal unserer Verwandten und Bekannten keine Ruhe. Unser Verwandter war Lokführer und fuhr täglich die Strecke Neuruppin - Berlin - Stettiner Bahnhof. Meiner Mutter schlug er vor :"Ich nehme dich mit , aber die Kinder bleiben hier." Am folgenden Tag fuhr sie allein nach Berlin. Am 19, März 1945 sah man bis Neuruppin den Feuerschein. Der Angriff hatte dem Stadtzentrum gegolten . Meine Tante wohnte in der Nähe vom Alexanderplatz , Große Frankfurter Straße. Hier brannte noch alles , es waren Brandbomben abgeworfen worden. Meine Mutter fand an einem Mauerrest den Hinweis 'Steglitz'. Beißender Qualm überall, sie irrte durch brennende Straßen und erreichte trotz des Wütens des Flammenmeeres unser Haus. Verkehrsmittel fuhren nicht mehr. Mein Onkel schlug angesichts der hoffnungslosen Lage vor : „Kommt, wir wollen gemeinsam sterben."Sie willigte ein und holte uns Kinder aus Neuruppin. Bis zum Zusammenbruch war hier die Hölle los . Aus dem Luftschutzkeller kamen wir überhaupt nicht mehr raus. Tag und Nacht mussten wir um unser Leben bangen . Damals konnten wir nicht ahnen , was eingetreten wäre, wenn der Krieg noch länger gedauert hätte: Die über Hiroshima und Nagasaki abgeworfenen Atombomben waren ursprünglich für Berlin und Dresden bestimmt. Auch erfuhren wir Berliner erst nach dem Zusammenbruch , dass Hitler beim Einmarsch der Siegermächte ganz Berlin in die Luft sprengen lassen wollte. Die Stadt war bereits unterminiert. Nur das um einen Tag verfrühte Einrücken der Sowjettruppen verhinderte diesen teuflischen Plan.

Trotz der aussichtslosen Lage wollten Feldgendarme. , im Volksmund 'Kettenhunde' genannt, die Stadt bis zur letzten Patrone verteidigen. Zum Volkssturm wurden zwölf bis dreizehnjährige Jungen ebenso eingeteilt wie alte Männer . Hauptsache , sie konnten eine Panzerfaust tragen . (Eine Mutter konnte ihren 15 Jahre alten Sohn nur dadurch vor dem Verderben retten, dass sie ihn als Mädchen verkleidete.) Auch mein siebzigjähriger Onkel wurde gezwungen, mit Panzerfäusten den drohenden Einmarsch des Feindes abzuwehren. Weh dem , der sich dem Befehl widersetzte oder zu sagen wagte, wir hätten den Krieg verloren. Auf die Bemerkung meiner Mutter, die Russen stünden bereits vor den Toren Berlins, herrschte der Gauleiter sie an :" Das sind Gerüchte! Ich bin berechtigt, jeden aufzuhängen , der Gerüchte verbreitet."

In schrecklicher Erinnerung ist mir der Anblick eines an einem Laternenpfahl aufgehängten 15jährigen Jungen . Sein Henker hatte ihm ein Schild umgehängt: 'Ich war zu feige, für mein Vaterland zu kämpfen.' Diese Kettenhunde waren immer zu zweit , und der arme Junge war nicht ihr einziges Opfer . Noch in den letzten Tagen, bevor auch unser Stadtteil Steglitz von den Russen eingenommen wurde , waren wir ständig in Lebensgefahr. Nahe bei unserem Haus zerfetzte eine Granate mehrere Menschen . Der Gauleiter, der noch kurz zuvor meiner Mutter mit Aufhängen gedroht hatte , diskutierte vor dem Nachbarhaus mit den Bewohnern über einen gemeinsamen Rückzug mit den deutschen Truppen.Die Frage meiner Mutter , wohin er sich zurückziehen wolle , brauchte er nicht mehr zu beantworten . Eine Granate hatte für ihn und einige andere die Antwort gegeben.

Als meine Mutter in unser Haus zurückkehrte, stand ein deutscher Soldat im Treppenhaus. Auf ihre Frage , was er wolle , antwortete er „Ich muss das Vaterland verteidigen." Darauf entgegenete meine Mutter :"Wenn Sie überleben wollen , kommen sie zu uns in den Keller !" Verstört fragten unsere Mitbewohner im Luftschutzkeller :"Was will denn der hier ?" Darauf erwiderte meine Mutter : „ Der Mann braucht Zivilkleidung." Kaum hatte er sich umgezogen und seine Uniform und Waffen versteckt, wurde unser Haus von Russen eingenommen. In unseren Keller kam ein russischer Offizier mit einer Pistole und ein Mongole mit einem Maschinengewehr im Anschlag. Einer unserer Hausbewohner , ein älterer Herr, russischer Dolmetscher, versicherte dem Offizier , dass im Haus ausschließlich Kinder , Frauen und alte Männer lebten. (Der deutsche Soldat hatte sich kurz zuvor mit einem leisen „Danke" aus dem Staube gemacht.) . Nicht so glimpflich kamen die Bewohner eines nahe gelegenen Hauses davon. Als die Sowjetsoldaten Hakenkreuzfahnen und Hitlerbilder fanden, gossen sie Benzin ins Treppenhaus und zündeten es an. Sie standen Posten und ließen keinen entkommen. Alle verbrannten. Auch auf unserem Dachboden hatte man eine große Hakenkreuzfahne ausgebreitet . Mein Onkel fand sie bei einem Kontrollgang noch rechtzeitig. Wir haben sie sofort verbrannt.

Trotz immer wieder stattfindender Straßenkämpfe blieb es in den nächsten Tagen verhältnismäßig ruhig. Umso katastrophaler war die Versorgungslage: Gas und Strom waren ausgefallen, Wasser gab es nur am Hydranten. Aber noch viel schlimmer war der Hunger, der grässliche Hunger : Wer Glück hatte, konnte aus zerstörten Geschäften etwas Essbares organisieren . Dies wurde jedoch häufig von Sowjetsoldaten verhindert, die mit aufgepflanzten Gewehren Wache hielten und zum Teil betrunken wild um sich schossen. Meine Mutter ließ in ihrer Angst Grundnahrungsmittel zurück, nachdem sie von einem russischen Soldaten bedroht worden war. Bei einem Rundgang erbeuteten wir zwei Kartons mit unbekanntem Inhalt. Wie sich zuhause herausstellte, enthielt der größere sechs Flaschen Wermut, der andere Sago. Meine Mutter kochte daraus eine Wermut-Sagosuppe, für uns angesichts des schrecklichen Hungers genießbar. Mein kleiner Bruder lallte torkelnd ; „Ich bin soffen." In einer Kartoffelmiete aus Wehrmachtbeständen fanden wir halbverfaulte Kartoffeln , zum Teil schleimig und schwarz , immer noch die bessere Nahrung als Gras, wovon viele ihren unerträglichen Hunger stillten. Andere bettelten um Kartoffelschalen, die wir selber nicht hatten.

Als die Versorgunslage immer schlechter wurde, nahm uns unsere Mutter Anfang Juni zum Hamstern mit. Ziel war das etwa 35 Kilometer entfernte Rüdersdorf. Hier hatten wir Bekannte. Unterwegs ernährten wir uns von unreifem Roggen und Äpfeln. Großenteils mussten wir die Strecke zu Fuß gehen, da selten Züge fuhren. Hatte man Glück mitzufahren, , zum Teil auf Trittbrettern, konnte es sein, dass die Lokomotive auf freier Strecke abgekoppelt wurde. Der Russe brauchte eine Zugmaschine für andere Zwecke. Noch nicht am Ziel, flüchteten die Menschen Hals über Kopf . Man zog uns mit Man sagte uns , die Russen machten wieder Razzia, um Arbeitsfähige nach Sibirien als Zwangsarbeiter zu deportieren. Jeder Bauer gewährte den Menschen Unterschlupf in seiner Scheune , bis die Gefahr vorüber war. Hungrig und unverrichteter Dinge kehrten wir nach Hause zurück , jedoch glücklich , dass unser Reiseziel nicht Sibirien hieß .

Unvergesslich ist uns auch folgende Begebenheit : Tante Grete ist mit meinem viereinhalbjährigen Bruder unterwegs. Als ein Gewitter mit Platzregen niederging, stellten sie sich unter das Vordach einer Garage. Nicht lange danach gesellt sich ein Russe zu ihnen. Meiner Tante wurde es unheimlich. Da spricht er sie auf deutsch an : „Ruski Kinder gern" und streicht dabei meinem kleinen Bruder übers Haar. „Aber deutsche SS alle Ruski-Kinder.." und da machte er ein Zeichen für Strick um den Hals legen und aufhängen. Bevor es aufhörte zu regnen, holte er aus seiner Hosentasche ein Stück Brot und bricht es durch. Er gab es dem Kleinen mit den Worten : „Für einfache Soldat Klebba (= Brot) . Masla (= Butter) nur für Offizier."

Frauenschicksale nach dem Einmarsch der Russen

Erfreulicherweise verschonten uns russische Soldaten der kämpfenden Truppe nach der Einnahme Berlins am 8. April 1945. Bestialisch wüteten die Soldaten, die mit der Nachhut kamen. Der Kommissar , der für unseren Bezirk verantwortlich war , ließ einige seiner Landsleute erschießen , als ihm bekannt wurde , dass sie deutsche Frauen vergewaltigt hätten . Er ließ auch verkünden , dass jede Frau zu ihm aufs Kommissariat kommen könne , um sich zu beschweren.

Kommissare in anderen Bezirken reagierten ganz unterschiedlich . Eine etwa 65jährige Frau wurde in einer Nacht über 40 Mal vergewaltigt. Eine andere Frau wurde nach der Vergewaltigung erschossen. Da , wo der zuständige Kommissar seine Soldaten gewähren ließ, hausten sie wie die Berserker . Einer äußerte auf eine Beschwerde : : „Meine Leute tun nur, was zuvor die Deutschen unseren Frauen angetan haben."

Im Nachbarhaus hatte sich eine deutsche kommunistische Familie in der frei gewordenen Wohnung des Gauleiters eingenistet . Zu der Familie gehörten auch zwei junge Frauen (20 und 23 Jahre alt) ,die sich mit den Russen einließen . Täglich gingen die Russen dort ein und aus. Eines Tages sagte eine Mitbewohnerin unseres Hauses zu meiner Mutter : „Jetzt habe ich gerade mit angehört , dass die beiden jungen Frauen die Russen auf Ihre Tochter gehetzt haben mit den Worten : „Nebenan sind Frauen und eine Dreizehnjährige" Dank dieser Frau waren wir nun alle gewarnt . Meine Mutter war mit mir ständig auf der Flucht , mal auf dem Dach hinter dem Schornstein , mal im Hasenstall. Ein Hausbewohner war immer auf Posten .

Eines Nachts - die Turmuhr hatte 12 geschlagen , verschafften sich zwei Russen gewaltsam Zutritt zu unserem Haus. In den Wohnungen waren keine Frauen . Meine beiden Brüder schliefen , mein siebzigjähriger Onkel war allein wach in der Wohnung .

Die Russen waren enttäuscht , dass sie nicht vorfanden, was sie suchten. Plötzlich hielt einer meinem Onkel die Pistole auf die Brust mit den Worten : „Hier Kinder , wo ist Frau?" Mein Onkel zuckte mit den Schultern und sagte , er wisse von nichts . Der Russe riss die Schlafzimmertür auf und stieß ihn hinein , dass er zu Boden stürzte . Dann drehte er den Schlüssel um . Mein Onkel war mit meinen Brüdern eingesperrt.

Auch in der französichen Besatzungszone wurden nicht selten Frauen und Mädchen vor allem durch Marokkaner vergewaltigt. Eine Mutter konnte ihre 13jährige Tochter nur dadurch vor der Schändung bewahren , dass sie sich den Vergewaltigern anbot, indem sie ihre Bluse aufriss.

Erst als Berlin in vier Sektoren aufgeteilt wurde und die Amerikaner am ersten Juli 1945 die Oberhohheit auch über Steglitz übernahmen, hörte dieses Martyrium auf. Auch die Versorgungslage verbesserte sich : Wir erhielten Lebensmittelmarken. Aber es war noch immer zum Sterben zuviel und zum Leben zu wenig .

Schon bald nach Kriegsende wurde   mein Vater aus amerikanischer Kriegsgefangenschaft entlassen. Er suchte sein Elternhaus auf. Dort traf er alle seine sechs Geschwister. Sein jüngster Bruder, der an den Kämpfen um Berlin teilnahm, konnte sich mit seiner Familie rechtzeitig nach Neustrelitz / Mecklenburg absetzen . Bei seiner Rückkehr nach Krefeld musste er durch Berlin und schaute bei uns vorbei . Er berichtete meinem Vater über die katastrophale Lage und fügte hinzu: „ Wenn du sie retten willst, hole sie schnellstens hierher, sie sind fast verhungert." Mein Vater zögerte nicht lange und machte sich Ende September 1945 auf den Weg nach Berlin. An der Zonengrenze bei Helmstedt sortierten die schwer bewaffneten russischen Grenzposten die Menschen nach zwei Gruppen .: Kinder und ältere Menschen durften die Grenze passieren. Arbeitsfähige dagegen wurden in eine Baracke abgeführt und wahrscheinlich nach Sibirien deportiert. Dieses Risiko wollte mein Vater nicht eingehen. Was tun ? Er wollte uns doch nicht allein unserem Schicksal überlassen. Da kam ihm plötzlich eine Idee : Er beantragte beim nächsten KPD-Parteibüro die Mitgliedschaft in der kommunistischen Partei , obwohl er nie Sympythisant war. Der Parteiausweis wirkte Wunder : Unbehelligt ließen die Behörden ihn durch die sowjetische Besatzungszone reisen. Groß war die Freude über das unverhoffte Wiedersehen. Der Rest ist schnell erzählt : Auf der amerikanischen Kommandantur erzählte er von seinem Streich mit dem KPD - Ausweis . Dieser wurde sofort vernichtet. Er erhielt für die ganze Familie Geleitschutz. Auf einem amerikanischen Militär-Konvoi fuhren wir ohne Schwierigkeiten durch die Sowjetzone hindurch zu unseren Angehörigen an den Niederrhein.

Einen schlimmen Schicksalsschlag mussten wir noch hinnehmen. Mein kleiner herzkranker Bruder hat all die Strapazen nicht überstanden. Er starb am sechsten April 1946 , im Alter von fünf Jahren und vier Monaten .

VIII
Statt eines Nachworts :
Kriegsverbrecherprozess 2. Teil
oder
ein Prozess , der nie stattfand

Nachdem für die NS - Kriegsverbrecher die gerechte Strafe verkündet worden war , ordnete der Richter an : Alle Verantwortlichen für den Bombenterror über Wohngebieten , alle Verantwortlichen für die Vertreibung und alle Verantwortlichen für das Aushungern der Zivilbevölkerung haben ihre Plätze von der Kläger - zur Angeklagtenbank zu wechseln. (Proteste und Raunen im Saal) Nachdem widerwillig dieser Anordnung Folge geleistet worden war , fährt der Richter fort : „Draußen stehen unzählige Hinterbliebene : Kinder, die ihre Eltern in den Bombennächten verloren haben , Mütter , die mitansehen mussten , wie eine Bombe ihnen das einzige Kind zerfetzte , Kinder, denen durch herabstürzende Balken Arme und Beine zerquetscht wurden, Überlebende jeden Alters aus vielen Nationen , deren Gesicht durch Brandwunden zur Fratze entstellt wurde, Männer und Frauen , die völlig entkräftet zusammenbrechen , da ihnen von den Alliierten noch nicht einmal Nahrung in Höhe der KZ-Ration zugeteilt wurde." Und alle klagen im Chor an :"Wir wollen nicht aufrechnen oder uns rächen , wir fordern nur Gerechtigkeit!"
Richter : „Lasst sie herein ! Gerechtigkeit soll euch zuteil werden. Alle ,die Verbrechen gegen die Menschlichkeit begangen haben , sollen nach den gleichen Maßstäben gerichtet werden. Doch bevor das Strafmaß festgelegt wird , sollen Zeugen auftreten , die keine Stimme mehr haben." (bläst in die Posaune) Die Erde bebte. Und da standen sie auf , denen oft nicht einmal ein Grab vergönnt war, aus Ruinen, die bis auf die Grundmauern zerstört waren, aus Städten , die ausradiert worden waren , wo die Sonne wegen der gewaltigen Rußwolke tags nicht zu sehen war, wo der Schnee schwarz war , wo ein bestialischer Gestank von Phosphor , beißendem Qualm und Leichengeruch einem den Atem verschlug, erbarmungswürdige Kreaturen mit zerfetzten Leibern und herausquellenden Gedärmen, durch den Luftdruck geplatzten Lungen, mit vor Schmerz entstellten Gesicht und stierem Blick, Körper, die wie Fackeln lebenden Leibes verbrannten und bis zur Unkenntlichkeit entstellt sind , Flüchtlinge und Vertriebene, Blut überströmt mit entsetzlichen Qualen , die durch Jagdbomber wehrlos , wie sie waren, wie tollwütige Tiere abgeknallt wurden, Ertrunkene, die auf Flüchtlingsschiffen versenkt wurden mit aufgedunsenen Bäuchen, von Fischen angenagt, Menschen , denen der grässliche Hunger das Leben gekostet hatte und sie alle, die der Sprache nicht mehr mächtig sind , schauen mit vorwurfsvollen Blicken ihre Mörder an, wie wenn sie sagen wollten :'Ihr habt unser Leben sinnlos ausgelöscht, ihr habt euch zum Herrn über Leben und Tod erhoben, ihr habt uns das Schönste genommen:Unser Leben, unsere Lieben, unsere Heimat , unsere schönen Städte. Auch wir fordern Gerechtigkeit. '

Richter verliest internationale Konventionen : „Das Nürnberger Militärtribunal erklärt als Kriegsverbrechen : die mutwillige Zerstörung von Städten , Märkten oder Dörfern oder jede durch militärische Notwendigkeit nicht gerechtfertigte Verwüstung... Mord, Ausrottung unmenschliche Handlungen , begangen an irgendeiner Zivilbevölkerung vor oder während des Krieges".

Zu den Angeklagten gewandt : „Was habt ihr zu eurer Verteidigung vorzubringen?"

Ein Angeklagter :"Die Deutschen haben Kollektivschuld an Hitlers Verbrechen !"

Richter : „Schweigen Sie ! Kolllektivschuld zu erteilen ist historisch unhaltbar und nur Vorwand , Ihre eigenen Verbrechen zu rechtfertigen. Oder glauben Sie etwa, **die** Russen seien schuld an den Liquidationen von Millionen durch Stalin, **die** Amerikaner schuld an der Vernichtung der Indianer oder **die** Engländer schuld an den Verbrechen , die an den Kolonialvölkern begangen wurden? Ihr habt euch der gleichen Verbrechen gegen die Menschlichkeit schuldig gemacht wie eure Feinde. Aus Gründen der Gerechtigkeit erwartet euch die gleiche Strafe."